These Letters Are For:

Born:

Love You Forever

My Special Message For You

Love You Sweatheart,

Mom xoxo

Date:

Date:

Date: ______________________

Date: ____________

Date: ______________________

Date:

Date:

Date:

Date:

Date:

Date:

Date:

Date: ____________________

Date:

Date:

Date:

Date: ____________________

Date:

Date:

Date: ____________________

Date:

Date:

Date: ______________________

Date:

Date: ____________________

Date:

Date: ____________________

Date:

Date: ______________________

Date: ____________________

Date:

Date:

Date:

Date:

Date: ____________________

Date:

Date:

Date:

Date: ____________________

Date:

Date: ____________________

Date:

Date:

Date:

Date: ____________________

Date:

Date: ______________________

Date: ______________________

Date: ____________________

Date:

Date:

Date:

Date:

Date:

Date: ____________________

Date:

Date:

Date: ______________________

Date:

Date:

Date: ____________________

Date:

Date: ______________________

Date: ____________________

Date: ____________________

Date:

Date:

Date:

Date: ______

Date:

Date: ____________________

Date:

Date:

Date: ______________________

Date: ____________________

Date:

Date:

Date:

Date:

Date:

Date: ______________________

Date:

Date: ______________________

Date:

Date: ______________

Date:

Date: ______________________

Date:

Date: ____________________

Date: ____________________

Date: ______________________

Date:

Date: ______________

Date:

Date: ____________________

Date:

Date: ______________________

Date: ____________

Date: ______________

Date:

Date:

Date:

Date:

Date:

Date: ____________________

Date:

Date:

Date:

Date:

Date: ____________________

Date: ____________________

Date:

Date: ______________________

Date:

Date:

Date:

Date: ____________________

Date:

Date: ____________________

Date: ______________________

Date: ______________________

Date:

Date: ______________________

Date:

Date: ___________________

Date:

Date:

Date:

Date:

Date:

Date:

Date:

Date: ____________________

Date:

Date: ____________________

Date:

Date: ____________________

Date:

Date:

Date:

Date:

Date:

Date: ____________________

Date:

Date:

Date:

Date:

Date: ____________________

Date:

Date:

CPSIA information can be obtained
at www.ICGtesting.com
Printed in the USA
LVHW080151031121
702327LV00012B/810

9 781702 419277